CATALOGUE

d'un très ſuperbe & précieux

CABINET D'ANCIENNES PORCELAINES,

TANT DU JAPON QUE DE LA CHINE ET AUTRES; parmi lesquelles il s'en trouve quantité de la PREMIERE CLASSE, & à Bords bruns;

Comme auſſi de

MAGNIFIQUES OUVRAGES DE LACQ DU JAPON, DE LA CHINE ET DES INDES ORIENTALES

La plupart travaillés en Or; & de

BELLES STATUES DE PORCELAINE, DE PIERRE DE LARD, DE BOIS ET AUTRES;

CURIOSITÉS,

CAMÉES, OU PIERRES gravées en Relief & en Creux, ANTIQUITÉS & autres RARETÉS.

Le tout raſſemblé avec beaucoup de peine & à très grands fraix, par feu MONSIEUR

JEAN HENRY DE HEEMSKERCK,

En ſon vivant Seigneur d'AGTIENHOVEN & DEN BOSCH, &c. &c. & délaiſſé par MADAME ſa Douairiere;

Dont la Vente ſe fera publiquement le Lundi 2 Avril 1770. & les jours ſuivans, l'avant midi, depuis 10 heures jusqu'à midi, & l'après-midi depuis 3 jusqu'à 5 heures, par

ETIENNE RIETMULDER,

MAÎTRE DES VENTES DE LA HAYE;

Dans la Maiſon Mortuaire de ladite Dame Douairiere de Heemskerck, *au* Noord-Einde à la Haye *ſusdit.*

Lesquels Effets pourront être vus le Lundi, le Mardi & le Vendredi avant le jour de la Vente, ſavoir les 26, 27 & 28 Mars 1770, avant-midi, depuis 10 heures jusqu'à midi, & après-midi depuis 3 jusqu'à 5 heures.

Le Catalogue tant en Hollandois qu'en François se trouve chez ledit *Etienne Rietmulder*, Maître des Ventes, & chez *Pierre Yver*, Négociant en Tableaux, à Amsterdam, ainsi que dans d'autres Villes & Places aux endroits qui seront ultérieurement indiqués par les Gazettes.

CATALOGUE

D'une belle Collection de superbes

PORCELAINES.

Porcelaines d'Ancien Japon, de Couleur.

De la Premiere Classe.

1 Une fort grande Garniture d'ancien Japon, composée de cinq Pièces, savoir trois Urnes & deux Cornets, remplis de Chinois & de fleurs, à compartimens noirs en-bas & en-haut, dorure riche, d'un très beau dessin, & sans pareille; une des Urnes est endommagée au pié.

2 Une autre Urne pour mettre dans une Cheminée, à compartimens blancs & bandes bleues, avec Bluets & Chinois portant le Parasol; le Couvercle est endommagé.

3 Une autre dans le même goût, dont le Couvercle est un peu endommagé.

4 Trois autres Urnes, une grande & deux plus petites, à fleurs & ornemens.

5 Deux autres Urnes à bandes en trois compartimens, richement garnies de fleurs, le goulot à bords bleus, fort ancien Japon.

6 Deux autres.

7 Deux autres.

8 Deux autres, dont les Couvercles ſont différens, & un peu endommagés.

9 Deux Terrines rondes, à compartimens blancs & bandes bleues, avec Bluets & Chinois portant le Paraſol ; l'un des Couvercles eſt tant ſoit peu endommagé.

10 Deux Urnes à Paons, à ſix pans, avec fleurs, fort jolis, & de la premiere ſorte.

11 Deux autres, dans le même goût.

12 Deux autres, auſſi comme les précédentes.

13 Deux Bouteilles quarrées, à quatre compartimens, dont deux avec Bluets, & deux avec Fleurs.

14 Deux Bouteilles quarrées, de différente ſorte, toutes deux à quatre compartimens, l'une avec Bluets & Fleurs, & l'autre avec Fleurs, tant ſoit peu endommagée.

15 Deux Bouteilles octogones, richement garnies de fleurs.

16 Trois autres de même deſſin, dont l'une eſt endommagée.

17 Deux autres d'un goût différent.

18 Un petit Chaudron à Thé, avec le Dragon volant & fleurs, un peu endommagé.

19 Deux

19 Deux Théieres ovales à côtes, avec leurs Couvercles, à l'Arbre au Poivre.

20 Deux autres, de même goût & de même forme.

21 Deux autres.

22 Deux autres, dont l'une est endommagée.

23 Deux belles Théieres rondes, chargées d'ornemens en relief.

24 Deux autres dans le même goût, dont l'une est montée en argent.

25 Deux Plats d'une beauté singuliere, octogones, à bords bruns, connus sous le nom de *Plats à Miroir*, ou *le petit homme dans le puits*; de la premiere sorte.

26 Deux autres de la seconde sorte.

27 Trois autres de la troisieme sorte.

28 Deux belles Jattes octogones, à bords bruns plats, & quatre compartimens rouges, remplis de fleurs, dont deux avec Bluets, & les deux autres à l'Arbre au Poivre, bord mosaïque.

29 Deux autres, avec l'Oiseau de Paradis, l'Arbre au Poivre, bord mosaïque.

30 Deux autres.

31 Deux autres.

32 Une autre, avec Rhinoceros & fleurs.

33 Une autre, avec le petit Oiseau sur la branche, & des fleurs en dedans.

34 Une autre, plus grande, avec l'Oiseau de Paradis & des Bluets.

35 Deux grandes Jattes ovales, à bords contournés, & garnies de fleurs. avec Bluets en dedans, dont l'une est endommagée.

36 Une autre, un peu plus petite.

37 Un Saladier rond, ou Jatte, à bord brun plat, & fleurs.

38 Un autre, à l'Arbre au Poivre, en dedans le Dragon volant avec Fleurs, un peu endommagé.

39 Une Jatte octogone, à bord brun, avec Bluets & le Dragon volant, un peu endommagée.

40 Deux petits Saladiers, ou Jattes, à bords bruns contournés, avec l'Oiseau sur l'Arbre au Poivre, & Fleurs en dedans, tous deux endommagés.

41 Deux Pots à Beurre, à six pans, & leurs Couvercles, avec Bluets & l'Arbre au Poivre.

42 Deux Tasses à Jasmin, octogones, de la plus grande sorte, à bords bruns, avec Bluets, l'Arbre au Poivre & autres fleurs, le bord mosaïque, l'une est un peu endommagée.

43 Deux autres d'une sorte plus petite, avec Bluets.

44 Deux autres, l'une un peu endommagée.

45 Trois autres, avec Chinois & Fleurs, à bords bruns en mosaïque.

46 Deux

46 Deux autres à bords bruns & fleuronnés avec Bluets & ornemens.

47 Deux autres.

48 Deux autres, dont l'une est un peu endommagée.

49 Deux autres, toutes deux endommagées.

50 Trois autres, à bords bruns contournés, avec Fleurs, en dedans la Perdrix volante & bord fleuronné.

51 Deux petites Jattes, à bords bruns contournés en mosaïque, avec Fleurs, l'Oiseau de Paradis en dedans.

52 Sept petites Jattes profondes, octogones, à bords bruns & plats, avec Fleurs en dedans, d'une beauté extraordinaire.

53 Deux Saladiers, ou Baquets, à bords dorés & plats, fort beaux.

54 Six Jattes à Chaudeau, ovales, à bords dorés, contournés & plats, Couvercles & Soucoupes, à fleurs, d'une beauté extraordinaire.

55 Deux petites Terrines, avec Couvercles, & bords plats, fleurs & ornemens, un peu endommagées.

56 Une autre, avec un Couvercle découpé à jour, très rare.

57 Deux petits Pots à Beurre, le Couvercle noué comme un linge, à fleurs & ornemens, fort singuliers.

58 Six petits Plats de Deſſert, découpés à jour, avec fleurs & ornemens, fort jolis, tant ſoit peu endommagés aux bords.

59 Trois petits Plats de Deſſert, à campane, de différentes ſortes, avec l'Oiſeau de Paradis, l'Arbre au Poivre & la Gerbe de Roſeaux, dont deux ſont un peu endommagés.

60 Six autres, un peu plus petits, dont deux ſont endommagés.

61 Quatre autres, avec le Rhinoceros & la Gerbe de Roſeaux, très rares.

62 Quatre autres plus petits.

63 Neuf autres, encore plus petits, dont quelques-uns ſont endommagés aux bords.

64 Dix petits Plats de Deſſert profonds, avec éventails & lozanges, Bluets & la Gerbe de Roſeaux, fort curieux.

65 Deux petits Plats particuliers, à dix pans, bords bruns & fleuronnés, avec Bluets & Dragons.

66 Quatre grands Plats & un petit, à campane, avec Chinois & Fleurs, dont l'un eſt endommagé.

67 Deux Crachoirs à bords bruns contournés, avec fleurs, tant ſoit peu endommagés.

68 Une petite Jatte à Chaudeau avec ſon Couvercle, à bord brun & plat, richement garnie de fleurs.

69 Qua-

69 Quatre petits Plats de Deſſert, profonds, à bords bruns contournés, avec l'Oiſeau ſur la branche & Bluets, en dehors à bord bleu en moſaïque.

70 Une petite Jatte & une Soucoupe profondes, de différente ſorte, à fleurs.

71 Deux très beaux Baquets à Poiſſon, à bords contournés & plats, avec Bluets, l'Arbre au Poivre & Fleurs, entremêlé de bleu, par derriere à bord bleu moſaïque.

72 Deux autres en tout ſemblables aux précédens, l'un avec un petit coup de feu.

73 Huit Plats profonds, à l'Arbre au Poivre, le bord baroque à fleurs, très beaux, l'un endommagé.

74 Trois Compôtiers à bords bruns & contournés, avec Bluets, l'Arbre au Poivre & Fleurs, fort jolis.

75 Quatre autres plus petits, non moindres en ſorte, avec Bluets, l'Arbre au Poivre, & la Gerbe de Roſeaux.

76 Seize petits Plats de Deſſert, remplis de Figures, à double Paon & Bluets, par derriere ornés de nœuds bleus, un de différent deſſin, & un endommagé.

77 Un fort beau Plat profond, avec Bluets, l'Arbriſſeau de Thé & Fleurs, en dehors entouré de nœuds bleus.

78 Trois petits Plats avec un compartiment bleu, rempli de mares d'eaux, de montagnes & d'arbres, ornés d'un bord fleuronné, très rares; l'un est endommagée.

79 Quatre autres, de même forme, un peu plus petits.

80 Deux Bouteilles quarrées à Cantine, avec leurs Couvercles, à figures Japonoises, fleurs & ornemens de relief, richement rehaussées d'or & de bleu, d'une grande beauté.

81 Deux autres.

82 Deux autres un peu endommagées au goulot & aux Couvercles.

83 Une autre un peu plus grande, à Paons, fleurs & ornemens de relief, à bandes d'or & de bleu, le bord baroque.

84 Deux Bouteilles en forme de poire, richement garnies de fleurs, à bord mosaïque.

85 Deux autres, de même calibre, un peu endommagées.

86 Deux autres, avec le Papillon & fleurs.

87 Un petit Pot à Jasmin, octogone, & deux petites Jattes à rincer, avec fleurs, dont l'une est endommagée.

88 Six Tasses à Caffé & leurs Soucoupes, à bords bruns, dites *à la Princesse*, avec oiseaux & fleurs, fort jolies.

89 Six

89 Six Tasses à Thé, dont les Soucoupes sont à bords contournés, avec l'Arbre au Poivre, la Gerbe de Roseaux & Oiseaux, les Tasses à bords bruns & ronds; une Soucoupe est endommagée.

90 Six Soucoupes & trois Tasses, à bords bruns, avec l'Arbre au Poivre, le Dragon & le Rhinoceros, fort singulieres.

91 Six Tasses à Thé, dont les Soucoupes sont à bords plats, les Tasses en forme d'Artichaux, avec l'Arbre au Poivre, Bluets & la Gerbe de Roseaux; deux Tasses sont endommagées.

92 Sept Soucoupes à bords contournés, & six Tasses à fleurs & oiseaux; une Tasse est endommagée.

93 Une Théiere avec cinq Tasses de différentes sortes, à fleurs.

94 Quinze Tasses, de différentes sortes, à fleurs & oiseaux.

95 Douze autres, aussi de différentes sortes.

Porcelaines de la Chine, de Couleur.

96 Une fort belle & grande Garniture de sept Pieces, consistant en trois Urnes & quatre Bouteilles longues, toutes à dentelle & mosaïque, riche dorure.

97 Deux autres Bouteilles plus petites, dans le même goût, & non moins belles.

98 Trois fort belles Urnes de Garniture, à fond bleu & compartimens blancs, ornées d'or & de fleurs, fort curieuſes & de la premiere ſorte.

99 Deux grandes Bouteilles quarrées, dont les compartimens ſont ornés d'Hiſtoires Chinoiſes, avec des Japonois, Temples, Arbres & Fleurs, le goulot rond, à mares d'eau & païſages, fort magnifiques.

100 Deux Jattes octogones, à bord moſaïque & plat, avec compartimens rouges & blancs, de la premiere ſorte.

101 Deux autres.

102 Deux Bouteilles quarrées à Cantine, les compartimens ornés d'arbres, de fleurs, de mares d'eau & de païſages.

103 Une Garniture émaillée, de ſept Pièces, conſiſtant en trois petites Urnes, deux Cornets & deux petites Bouteilles en forme de poire, à fleurs, dentelle & ornemens, manque deux Couvercles, & un peu endommagée.

104 Trois petites Jattes à Sucre avec leurs Couvercles, à fond bleu, & compartimens blancs, garnies de rouge & d'or, en deſſous quatre Caractères Chinois.

105 Deux Nids de trois Jattes, en dehors à fond blanc avec fleurs bleues, rouges & or, en dedans avec quatre Médaillons, fond rouge, ſurmontés chacun de deux Pagodes, en deſſous quatre Caractères, d'une rareté extrême.

106 Une

106 Une autre petite Jatte ſemblable, de plus grande ſorte, un peu endommagée au pié en deſſous, avec deux petites Théieres à Saffran, riche en or & fleurs.

107 Deux grandes Théieres, à fond couleur de canelle, avec ornemens de relief, & fleurs bleues & blanches, fort rares, l'un des Couvercles eſt endommagé.

108 Deux petits Pots à Vin, à fond verd & compartimens blancs remplis de fleurs; une anſe a été raccommodée.

109 Deux petits Pots ronds, avec Chinois, à barrières & fleurs, & deux Bouteilles inégales, le tout d'un deſſin diverſifié en verd & en bleu, l'un des Pots eſt endommagé.

110 Deux grandes Théieres, en forme de poire, à fleurs & ornemens de relief, bords bleus, l'une eſt endommagée.

111 Deux petites Boëtes à Thé, quarrées, avec des coqs & des fleurs, une petite Jatte à Sucre & ſon Couvercle, d'un goût particulier.

112 Cinq petits Bâteaux, en dehors à fond pointillé de verd, avec ornemens de relief, remplis d'animaux, fort curieux, un peu endommagés.

113 Une Théiere à compartimens pointillés de jaune & de violet, & deux Bouteilles oblongues, peintes en Crayon.

114 Deux petits Chaudrons antiques, à fond bleu & fleurs d'or, avec de petites niches contournées, fond blanc, dans l'une, des Fleurs, & dans l'autre, un Coq & une Poule, le bord rouge & or, très rares.

115 Six Tasses & Soucoupes à Caffé, avec Couvercles, fond bleu & fleurs d'or, un compartiment blanc & bords mosaïques, le tout fort singulier.

116 Un très beau Plat à Poisson, profond, à bord baroque, émaillé & plat, en dedans une Compagnie Chinoise, avec barrières, fleurs & ornemens.

117 Douze Assiettes doubles, d'un fond net, riches en or & en fleurs.

118 Douze autres, du même dessin.

119 Douze autres, dans le même goût.

120 Douze autres, non moindres en qualité.

121 Sept autres, en tout semblables aux précédentes.

122 Un Saladier, ou Baquet, à bord doré en campane, d'ordonnance riche, or & fleurs, avec quatre Caracteres, fort singulier.

123 Un Saladier, ou Baquet, à fond blanc, en dedans quatre carpes, toutes différentes pour le dessin & la couleur.

124 Un Etui, renfermant douze Couteaux, à Manches superbes, avec Chinois, paons, fleurs, & autres ornemens fort étoffés.

125 Un autre, renfermant douze Couteaux, à Manches curieux, même dessin & qualité que les précédens.

126 Six Tasses antiques blanches, octogones oblongues, chaque pan avec un petit Médaillon ou Portrait Chinois, tous divers, en habillement riche, le tout en relief, très rares, l'une est endommagée au bord.

127 Six Tasses à Chocolat, octogones, à bords bruns, avec quatre compartimens remplis de Magots Chinois, & quatre avec fleurs, en dessous à dentelle en creux.

128 Six autres rondes, à bords bruns avec la double perdrix & fleurs, dont l'une est de la Fabrique de *Delft*.

129 Sept Tasses & six Soucoupes à Caffé, à fond bleu avec fleurs d'or, une Soucoupe est endommagée.

130 Douze Soucoupes & neuf Tasses, à fond blanc, avec Chinois, arbres & fleurs, fort gentilles.

131 Douze petites Tasses & Soucoupes à Thé, en dedans avec trois compartimens remplis de fleurs, d'une ordonnance singulière.

132 Six Soucoupes & quatre Tasses à Chocolat, à bords bleus, richement garnies de fleurs, une Soucoupe est endommagée.

133 Douze Tasses & Soucoupes à Thé, ordinaires, bleu, rouge & or.

Por-

Porcelaines Blanches, tant du Japon que de la Chine.

De la Premiere Classe.

134 Deux très jolis Coqs sur pié, d'un beau dessin.

135 Deux Pots à Beurre, octogones, avec Boutons & Oreilles, Couvercles découpés à jour & Baquets à bords droits, remplis de fleurs & d'une riche ordonnance, un peu endommagés.

136 Deux très beaux petits Plats à Fruit, découpés à jour, en dedans à fleurs de Marseille.

137 Quatre superbes grandes Tasses, découpées à jour, en dehors avec de curieuses figures, fleurs & autres ornemens de relief, artistement travaillés, à bords de Marseille, un peu endommagées.

138 Trois hautes Théieres, à l'Anse en Lézard, différentes en sortes, & fort étoffées.

139 Deux grandes Théieres à six pans, les compartimens remplis de figures.

140 Deux autres rondes, avec ornemens de relief, l'une endommagée.

141 Deux autres rondes, à bandes.

142 Deux Théieres, à-peu-près rondes, avec de curieuses fleurs en relief, les Couvercles ayant la figure de feuilles jointes ensemble, & les piés en étoile, très rares.

143 Deux petits Pots à Lait, avec ornemens de relief, l'un tant ſoit peu endommagé.

144 Deux précieux petits Pots ronds à anſes, d'une belle forme, avec fleurs & ornemens de relief fort mignons, à bord de Marſeille & du reſte très étoffés.

145 Quatre Taſſes à Chocolat, ovales, à bords contournés, & une Théiere de même, avec fleurs & ornemens de relief, un peu endommagées.

146 Huit Taſſes à Chocolat, rondes, avec fleurs & ornemens de relief.

147 Six autres, de même calibre, dont deux ſont endommagées.

148 Six petites Taſſes oblongues, à piés découpés à jour & ornemens de relief, dont l'une eſt endommagée.

149 Quatre petites Bouteilles, deux petits Baquets, & deux petits Chaudrons, le tout avec fleurs & ornemens de relief.

150 Deux petits Baquets à Epingles, un peu endommagés.

Porcelaines Bleues du Japon.

De la Premiere Claſſe.

151 Deux magnifiques Plats profonds, à bords bruns contournés, en dedans un compartiment ovale, où l'on voit, au pied d'une Montagne en caſcade, ſur une Eau agitée, un Vaiſſeau Japo-

Japonois, avec figures, du reste de très belles perspectives en païsages, arbres & fleurs, le bord baroque & étoffé, en dehors à nœuds legers, le tout d'une couleur vive, supérieurement dessiné, & d'une ordonnance toute particuliere.

152 Deux autres.

153 Deux autres.

154 Un autre.

155 Deux profonds Saladiers, ou Baquets, à dix pans, à bords bruns contournés & plats, en dedans, sur le devant, une Riviere calme, avec un Vaisseau flottant, où l'on voit un Japonois, dans l'éloignement une fort grande Montagne, ou un Rocher, l'Arbre au Poivre & une Plaine en talus, avec des Japonois qui se promènent, arbres & autres ornemens, le bord à points de France, en dehors à nœuds legers, le tout d'une beauté extraordinaire.

156 Trois grands Plats profonds, à bords bruns contournés, le fond ovale, où il y a une Montagne en Cascade, des Japonois & ornemens, arbres & fleurs, tout autour, dans le bord, des bocages, le tigre, la branche de l'arbre au poivre, & au thé, en dehors à nœuds legers, fort curieux; un Plat se trouve un peu endommagé.

157 Six autres du même dessin, un peu plus petits.

158 Six magnifiques Compôtiers, à bords bruns contournés, le tigre, dragon volant, gerbe de roseaux, arbre au poivre, rameau fleuri, un

un Pêcheur dans un bâteau & autres ornemens, le tout baroque, à fond blanc & très propre; l'un est endommagé au bord.

159 Deux autres d'une plus petite sorte, à bords bruns contournés, le tigre, le dragon volant, l'arbre au poivre, le rameau fleuri & autres ornemens; l'un est endommagé.

160 Un petit Plat à Poisson, fort beau, à bords bruns contournés; sur le devant, une Eau courante sur laquelle se voit un petit bâteau à rames, avec un Pêcheur, derriere, l'oiseau sur la branche, des Japonois, l'arbre au poivre, païsages, collines, fleurs, arbres & autres ornemens superbes.

161 Quatre petits Plats de Dessert octogones, à bords bruns, avec cerfs, biches arbres & autres ornemens.

162 Onze petits Plats de Dessert à bords bruns contournés, les Païsans avec le Taureau à la corde, & païsages, l'un est un peu endommagé.

163 Quatre autres un peu plus petits, de même dessin & plus étoffés.

164 Six autres à dix pans, de même qualité, mais variés en patron.

165 Neuf petits Plats de Dessert à bords bruns contournés; en dedans un compartiment blanc avec bouquets, le bord à petites fleurs, très jolis.

166 Sept petits Compôtiers à bords bruns contournés; en dedans un compartiment blanc, arbres

& fleurs, tout autour du bord le double arbre au poivre, & autres ornemens; d'une beauté extraordinaire.

167 Six petits Plats de Deffert à bords bruns & plats, avec doubles paons, fleurs & ornemens, le bord à petites fleurs & à nœuds, un peu endommagés.

168 Deux petits Compôtiers à bords droits contournés, bleu fur bleu, avec un compartiment blanc rempli de fleurs; l'un eft endommagé au bord.

169 Deux petits Plats, en dedans un compartiment blanc, le bord avec rofes, nœuds & ornemens, très rares.

170 Deux petits Plats de Deffert, profonds, à bords bruns contournés, fond blanc avec une petite fleur, le bord à huit compartimens, dont quatre avec le paon, & quatre avec fleurs.

171 Trois petits Baquets pour des acides, à bords bruns, en forme de bâteau, fond blanc & bord à petites fleurs.

172 Un petit Plat & deux petits Baquets profonds, à bords bruns, de différente forte, avec fleurs & ornemens; deux font endommagés.

173 Douze Affiettes de Deffert, connues fous le nom de *Mouchoirs*, à bord de Marfeille, fort fingulieres.

174 Douze autres, du même patron, un peu endommagées.

175 Neuf autres, de même deffin, en différentes fortes, & auffi un peu endommagées.

176 Deux

176 Deux grands Saladiers, ou Baquets, à bords bruns, droits & contournés; en dedans, fur le fond, le double héron fous les arbres, le bord à bouquets, en dehors avec arbres, fleurs & ornemens, d'une grande beauté.

177 Deux Saladiers, ou Jattes, à dix pans, les bords bruns, intérieurement recourbés en forme d'Artichaux; en dedans le fond blanc, avec une petite fleur, le bord inférieur avec dauphins & fleurs, le fupérieur rempli de montagnes, arbres, fleurs & autres ornemens; en dehors avec bouquets & nœuds, le tout d'une riche ordonnance, & rares.

178 Deux autres, en tout femblables aux précédens, pas moins beaux, l'un endommagé.

179 Trois petits Saladiers, ou Jattes, ovales, à bords bruns intérieurement recourbés; en dedans un compartiment blanc, tout autour du bord le paon, l'épi, le bluet & l'arbre au poivre; en dehors avec nœuds; d'une grande beauté.

180 Deux Saladiers, ou Jattes, à dix pans, à bords bruns contournés & plats; en dedans un compartiment blanc avec une petite fleur, tout autour avec plantes & fleurs, le bord mofaïque; en dehors cinq compartimens, chacun d'un deffin particulier, le bluet, l'arbre au poivre, bouquets & autres ornemens, très beaux.

181 Deux autres, en tout femblables aux précédens.

182 Un Saladier, ou Jatte, octogone, à bords bruns contournés & plats; en dedans, fur le fond, l'Oifeau de Paradis, & autres orne-

mens, le bord à petites fleurs; en dehors le bluet, l'arbre au poivre, oiſeaux, terres & montagnes, fort ſingulier.

183 Deux Saladiers, ou Jattes, octogones, à bords bruns & plats; en dedans un compartiment blanc avec une petite fleur, tout autour, & en dehors richement étoffé avec bouquets, fleurs & ornemens, le bord à dentelle, de la premiere ſorte.

184 Trois autres, de même forme & patron, dont deux ſont endommagés.

185 Un autre, à bord brun contourné & plat; en dedans un compartiment avec fleurs & ornemens, le bord moſaïque; en dehors dix compartimens, de deſſin différent, avec le paon faiſant la rouë, le dragon volant, figures, bluets, rameaux fleuris & ornemens.

186 Deux très belles grandes Jattes à rincer, à bords bruns contournés & recourbés; en dedans un compartiment rond, les Païſans avec le Taureau à la corde, & païſages, le bord moſaïque; en dehors remplies de figures, le bluet, l'arbre au poivre, rameaux fleuris & autres ornemens fort étoffés; l'une eſt un peu endommagée au bord.

187 Deux autres, de moyenne ſorte, du même calibre.

188 Deux autres, d'une forme encore plus petite, de même deſſin que les précédentes.

189 Trois grandes Jattes à Chaudeau, octogones, avec Couvercles, tout en compartimens de diffé-

différent deſſin, avec le paon faiſant la rouë, le bluet, l'arbre au poivre, rameaux fleuris & ornemens, au deſſus du Couvercle un compartiment blanc en moſaïque, poignée recourbée; d'une beauté ſinguliere.

190 Une petite Terrine, en dehors à quatre compartimens blancs à figures & feuillages de relief, le Couvercle tout chargé de perſonnages, & ſurmonté d'un Lion blanc aſſis pour le lever, ſuperbe en ſon eſpece; deux petites figures ſont endommagées.

191 Quatre grandes Taſſes en forme d'Artichaux, à bords bruns contournés; en dedans une petite fleur; en dehors les Païſans avec le Taureau à la corde, & païſages, d'une belle ordonnance, très curieuſes, l'une un peu endommagée.

192 Quatre autres, de différent deſſin, moyenne ſorte.

193 Six autres encore plus petites, de deſſin comme les quatre premières.

194 Six petites Jattes, à bords bruns contournés; en dedans un compartiment avec collines, arbres & ornemens, le bord rempli de petits oiſeaux; en dehors baroque, le canard de montagne & ornemens bien étoffés, le bord inférieur en moſaïque.

195 Six Taſſes à Jaſmin, à bords bruns contournés & plats; en dedans une petite fleur, le bord à nœuds; en dehors avec figures, le paraſol, arbres, fleurs & ornemens.

196 Une très grande & très belle Caffetiere, montée en argent, sur laquelle est une Urne richement étoffée de fleurs & d'ornemens, les bords à dentelle & à mosaïque, l'Anse tournée, d'une couleur brillante & d'un dessin superbe, un peu endommagée dans l'émail.

197 Deux petits Rouleaux montés en Cuivre du Japon, le goulot comme celui d'une Bouteille, à points de France, avec le rhinoceros, cerfs, arbres, barrières & ornemens, d'une belle couleur, & d'un goût particulier.

198 Deux petits Pots à Vin avec armes, montés en argent, à dentelle & mosaïque.

199 Deux Burettes, montées en argent, de différent dessin, remplies de figures, d'arbres, de fleurs & d'ornemens.

200 Un grand Pot rond, de la forme d'une Terrine, avec figures, le Taureau à la corde, païsages & autres ornemens, très étoffé.

201 Deux petits Pots à Beurre, quarrés, de différente sorte, remplis de figures, avec l'Oiseau de Paradis, & autres ornemens.

202 Un Baquet à Sucre, oblong, avec bouquets, & deux petits Plats profonds à Beurre, remplis de fleurs.

203 Six Tasses & Soucoupes à Thé, les Tasses avec le petit Bâteau, les Soucoupes triangulaires, à bords contournés, remplies de figures, collines, arbres & païsages, d'une rareté extrême.

204 Six

204 Six Tasses & Soucoupes à Thé, à bords bruns, avec figures, le parasol, l'arbre au poivre, & autres ornemens.

205 Huit Tasses à Chocolat, avec bouquets, l'une endommagée.

206 Un petit Pot rond, & cinq petites Tasses découpées à jour, avec fleurs, d'une rareté extrême, un peu endommagés.

207 Deux fort grands Rouleaux, de différente ordonnance, remplis de figures, arbres, fleurs, collines & païsages, le bord à points de France; l'un est endommagé.

208 Une grande Urne de Cheminée, octogone, d'un dessin fort étoffé, avec figures, arbres, bluets, poivriers & autres ornemens, le bord à points de France.

Porcelaines Bleues de la Chine.

De la Premiere Classe.

209 Deux fort grands Rouleaux, remplis de Caractères, avec fleurs, bouquets & ornemens, d'un patron superbe, à bords de Marseille; l'un est tant soit peu endommagé au goulot.

210 Deux grands Rouleaux, d'un dessin hardi, & d'une beauté extraordinaire, avec collines, vallons, mares d'eau, bâtimens, arbres, figures, fleurs, bâteaux & païsages, de différent goût.

211 Une grande Bouteille & deux Rouleaux d'une très belle ordonnance, avec animaux, Chinois

nois portant drapeaux, parasols, instrumens de musique, & dans diverses attitudes, le tout rempli de flammes, collines, fleurs, arbrisseaux, & ornemens fort étoffés, le goulot en dessus à dentelle.

212 Deux Rouleaux, chacun à compartimens, de différent dessin, avec cerfs, biches, animaux, figures, fleurs & arbrisseaux, ornés de bouquets, le tout d'un goût singulier, le goulot à dentelle.

213 Deux autres, avec diverses Histoires, beaucoup de figures, le parasol, arbres, flammes & autres ornemens, d'une grande beauté, le goulot à dentelle, un peu endommagés.

214 Deux autres de même, avec différens Tableaux, remplis de figures, le parasol, arbres, flammes & barrières, le taureau à la corde, le tout fort étoffé, le goulot à dentelle.

215 Deux autres, avec des Cérémonies Religieuses de la Chine, chacun d'un dessin particulier, & non moindres que les précédens, le goulot à dentelle; l'un est un peu endommagé.

216 Un Rouleau & deux Cornets, dans le même goût, très beaux; le bord du Rouleau est rogné.

217 Un Rouleau & deux Cornets, du même dessin; un Cornet se trouve fêlé.

218 Trois Rouleaux chacun d'un goût particulier, richement garnis de figures, animaux, oiseaux, plantes, fleurs & autres ornemens fort étoffés; l'un est un peu endommagé.

219 Deux

219 Deux autres de différente ſorte, d'un deſſin très ſuperbe, avec l'oiſeau ſur la branche, bouquets, bouteilles & autres ornemens.

220 Deux autres, au dragon volant & rhinoceros, arbres, barrières & fleurs, endommagés.

221 Deux autres, avec figures, arbres, fleurs & ornemens, l'un endommagé.

222 Un très beau Rouleau, d'ordonnance riche, à figures avec drapeaux, & en diverſes attitudes, de couleur brillante, rempli d'arbres, terres, collines, barrières & autres ornemens, les bords à dentelle & broderie.

223 Deux grands Rouleaux fort jolis, à fond bleu avec compartimens, le dragon, beaucoup de fleurs & d'ornemens, le bord auſſi figuré; l'un eſt tant ſoit peu endommagé.

224 Deux très beaux Rouleaux, avec beaucoup de figures, arbres, barrières & ornemens, le goulot avec bouquets, en deſſous ſix Caractères, un peu endommagés.

225 Un Cornet avec deux Bouteilles rondes, à goulots antiques, le milieu en compartimens à dentelle, broderie & ornemens, en deſſus rempli de figures d'arbres & autres ouvrages fort étoffés, le bord inférieur à dentelle.

226 Deux ſuperbes Urnes, avec leurs Couvercles, le paraſol, le taureau à la corde, l'arbre au poivre, remplies de figures & de flammes, avec barrières & ornemens, le goulot à dentelle.

227 Deux belles & grandes Bouteilles rondes, avec le dragon volant & l'oiſeau ſur la branche, papillons,

pillons, bouquets & arbrisseaux, le bord mosaïque avec fleurs.

228 Deux fort grandes Bouteilles rondes, à goulots cylindriques, montées de Couvercles & de Pieds de Cuivre de la Chine, avec trois compartimens baroques, le dragon volant & ornemens, l'une est endommagée.

229 Deux Bouteilles quarrées à Cantine, avec leurs Couvercles, chaque compartiment d'un dessin particulier, avec bluets, poivriers & ornemens, le bord à fleurs & à nœuds.

230 Deux grandes Bouteilles fort singulieres à deux ventres, très magnifiques, de différent patron, à figures avec chevaux, drapeaux & instrumens de musique, l'arbre au poivre, bluets & arbres, le bord en broderie.

231 Deux grandes Bouteilles rondes, à goulots longs, de couleur violette, le ventre festonné avec fleurs, bouquets & autres ornemens, les bords en broderie & à dentelle.

232 Deux fort grands Pots à Vin, de différent dessin, chacun à quatre compartimens, dans l'un l'Oiseau de Paradis, & dans l'autre, des païsages; du reste tous deux ornés de figures & de fleurs, les bords à dentelle & broderie.

233 Trois Bouteilles rondes, à longs goulots, diversement festonnées, avec fleurs, bouquets & rameaux, les bords en broderie, le goulot à fleurs de relief.

234 Deux fort grands Pots à Vin, de différent goût, avec figures, chariots, chevaux, personnages & autres

autres ornemens bien étoffés, les bords à dentelle & broderie, le goulot à fleurs en relief; l'un est un peu endommagé.

235 Trois grandes Bouteilles de différent dessin, avec figures, charettes, parasol, & autres ornemens fort étoffés, les bords & goulots en broderie & à fleurs.

236 Deux grandes Bouteilles à longs goulots, de couleur violette, avec bouquets & fleurs, les bords en broderie, un peu différentes & endommagées.

237 Deux belles Bouteilles, à huit compartimens, tant grands que petits, remplis de fleurs & de barrières, en dessous & en dessus un bord superbe à points de France, celui du milieu en mosaïque, broderie, dentelle & nœuds.

238 Deux autres de même patron, différentes en hauteur, un peu endommagées.

239 Deux magnifiques Bouteilles, à nœuds, bandées de quatre bords d'un dessin superbe, à mosaïque, dentelle, nœuds & ornemens, le tout très étoffé.

240 Une fort antique & fort belle Cruche à la Samaritaine, à quatre compartimens, remplis de fleurs, les bords à broderie & dentelle, d'une belle ordonnance.

241 Une Garniture de trois Pièces, consistant en une Urne & deux Cornets, à six compartimens, avec bouquets, oiseaux, arbres & fleurs, le bord baroque, à dentelle & broderie, l'Urne est endommagée.

242 Deux

242 Deux grandes Urnes à côtes, dites *Bagyne-Potten*, à quatre compartimens, deux avec fleurs, & deux avec de curieux panaches & ornemens, les bords en broderie, les Couvercles avec panaches & ornemens, un Couvercle un peu endommagé.

243 Deux grandes Urnes avec leurs Couvercles, à six pans, avec pagodes, & fleurs.

244 Deux hautes Théieres à deux compartimens, avec pagodes, fleurs, barrières & ornemens, très particulieres.

245 Deux petites Jattes à Chaudeau, à Oreilles dorées, avec pagodes, barrières & ornemens, les Couvercles à côtes avec fleurs, & lions dorés.

246 Une jolie Garniture, composée de cinq petites Bouteilles, à pagodes, chacune dans un Tableau particulier, avec six Caractères Chinois, l'une est un peu endommagée.

247 Deux petites Jattes, remplies de pagodes, fleurs, barrières & ornemens, avec six Caractères, l'une est endommagée.

248 Deux Bouteilles à fleurs détachées, le bord double en dessous & en dessus à points de France.

249 Deux autres à doubles nœuds & fleurs, le bord en broderie.

250 Deux autres, un peu plus petits, avec quatre compartimens, à dentelle & broderie, le bord au goulot à fond parsemé de points, à dentelle, fort jolies.

251 Deux

251 Deux autres, richement garnies de fleurs & d'oiſeaux.

252 Deux fort jolies Bouteilles à nœuds, bandées de trois bords, d'une belle ordonnance, à dentelles, nœuds & ornemens.

253 Deux Bouteilles, avec le dragon, fleurs, nœuds & ornemens, le goulot à dentelle, du premier goût.

254 Deux grandes Bouteilles d'une beauté extraordinaire, de Porcelaine truitée, à huit compartimens, dont quatre à fond parſemé de feuilles jointes enſemble, & quatre avec l'Oiſeau ſur la branche, du reſte fleurs & ornemens, le goulot à nœuds & dentelle.

255 Deux autres, de la même forme, de différent deſſin, avec le paon, doubles petites perdrix, & autres ornemens fort étoffés.

256 Deux autres, de différente ſorte.

257 Trois autres, aſſorties.

258 Deux autres, endommagées.

259 Une grande Bouteille, & un petit Pot à Vin, avec les Chinois paſſant le pont, & autres ornemens, d'un deſſin fort étoffé.

260 Deux Tonnelets, avec l'Oiſeau volant, & l'Oiſeau ſur la branche, arbres & bouquets, le bord à broderie.

261 Deux Urnes à mettre des fleurs, en dedans avec un petit trou, l'Oiſeau ſur la branche, bouquets, fleurs & ornemens, le bord moſaïque, l'une eſt un peu endommagée.

262 Deux

262 Deux Urnes, à fond bleu & compartimens blancs, baroques, remplis d'arbres, de fleurs & de bouquets, le tout fort élégant & superbe.

263 Une très-jolie petite Urne de Cheminée, sur un Pied élégant de Bronze doré, le Couvercle monté de même, à deux compartimens, l'Oiseau sur la branche, arbres, bouquets & autres ornemens, le Couvercle & le bord à broderie & dentelle.

264 Une autre, avec bouquets détachés, non montée, le bord & le Couvercle à broderie.

265 Trois Urnes, de différente sorte, deux à compartimens, avec oiseaux, bouquets, fleurs, bouteilles & autres ornemens.

266 Deux hauts Vases tout ronds, avec leurs Couvercles, remplis de figures, de flammes, arbres & ornemens, l'un endommagé.

267 Trois autres, de différente sorte, d'un dessin fort étoffé.

268 Deux autres petits, dans le goût de Théieres, les Anses en Dragons, avec fleurs, très rares, l'un est un peu endommagé.

269 Deux fort grandes Jattes, à compartimens avec fleurs & autres ornemens, endommagées.

270 Deux autres, de différente sorte, à compartimens avec oiseaux, fleurs, & ornemens fort étoffés.

271 Deux fort jolis petits Rouleaux, à fond bleu, & compartimens blancs avec cartouches, figures,

gures, le petit canard de montagne, le petit lapin, l'écreviſſe, le petit oiſeau ſur la branche, & le bluet, d'une rareté extrême.

272 Deux fort jolies grandes Caffetières, à douze compartimens, le tout baroque, & d'un goût ſingulier.

273 Deux Urnes, dites *Bagyne-Potten*, & un Cornet, à fond de Marſeille, l'Oiſeau ſur la branche, bas-relief, les Couvercles avec des Lions couchés, couleur de ſouris, une Urne eſt endommagée.

274 Deux autres à doubles nœuds, & points de France, le goulot en broderie.

275 Trois autres, d'une ſorte plus petite, l'une tant ſoit peu endommagée.

276 Une autre grande, & deux petites, à points de France & broderie.

277 Trois autres petites, aſſorties.

278 Deux petites Urnes, à côtes, dites *Bagyne-Potjes*, à trois compartimens, nœuds & ornemens, le bord en broderie.

279 Trois petites Bouteilles, à dentelle, fleurs & broderie, l'une endommagée.

280 Cinq autres, le bord à dentelle double, & du reſte comme les précédentes.

281 Quatre autres.

282 Quatre autres.

283 Cinq autres, d'une ſorte plus petite.

284 Deux

284 Deux hauts Pots à Sucre avec Couvercles & Oreilles, à dentelle & nœuds.

285 Deux grandes Bouteilles à dentelle & broderie.

286 Deux autres.

287 Quatre autres, en deux fortes.

288 Deux autres, à fleurs & bouquets.

289 Quatre autres, en deux fortes, le dragon & fleurs.

290 Quatre autres, en deux fortes, avec figures, l'oifeau fur la branche, & ornemens.

291 Quatre autres, en deux fortes, avec figures, fleurs & ornemens.

292 Deux Tonnelets, & deux petits Chaudrons, richement garnis de fleurs & d'ornemens, très rares.

293 Une petite Garniture de cinq Pièces, confiftant en deux Rouleaux & trois Cornets, avec l'oifeau fur la branche & fleurs.

294 Quatre Urnes, dites *Bagyne-Potten*, afforties, avec l'oifeau fur la branche, figures & fleurs.

295 Quatre autres, avec figures, la fauterelle & arbres.

296 Quatre autres, avec païfages, arbres & ornemens.

297 Quatre autres, avec figures, fleurs & arbres.

298 Quatre autres, avec figures, bouquets & fleurs.

299 Quatre autres, avec bouquets & ornemens.

300 Cinq autres, de différente ſorte, avec fleurs, arbres & figures, endommagées.

301 Cinq autres, aſſorties, à fond bleu & compartimens blancs, avec l'oiſeau ſur la branche, bouquets & autres ornemens fort étoffés.

302 Deux Rouleaux à jolis bouquets avec caractères.

303 Cinq autres, aſſortis, un peu endommagés.

304 Deux petits Pots & quatre petites Bouteilles, avec pagodes.

305 Deux petites Burettes, deux petits Pots à Sucre, & deux petits Moutardiers, d'un goût particulier, un peu endommagés.

306 Deux petits Chandeliers, deux petits Rouleaux, quatre petites Bouteilles & deux petites Théieres, le tout très rare.

307 Deux Jattes à Bouillon avec Oreilles & Couvercles, à fleurs, compartimens & ornemens.

308 Deux grandes Jattes à rincer, avec vaſes, nœuds, fleurs, ornemens & caractères, fort jolies.

309 Quatre grandes Jattes à rincer, avec compartimens, fleurs & nœuds.

310 Sept petites Jattes, à bords contournés, de Porce-

celaine truitée, de différent dessin, remplies de figures, de fleurs & autres ornemens.

311 Deux petits Baquets à Beurre, ovales, avec Couvercles, & une petite Sauciere, ou Jatte, à fleurs.

312 Une petite Garniture de cinq Pièces, trois Rouleaux & deux Cornets différens, avec animaux, fleurs & bouquets, un Cornet endommagé.

313 Deux petits Saladiers, ou Baquets, à bords plats, de Porcelaine truitée, avec fleurs & nœuds.

314 Cinq petits Plats en Eventail, avec figures, le bord à dentelle & broderie, très particuliers.

315 Quatre petits Compôtiers, de Porcelaine truitée, & deux Soucoupes, à fleurs, nœuds & ornemens, l'une endommagée.

316 Dix-huit Assiettes doubles, avec un compartiment blanc, l'arbrisseau de thé, fleurs & ornemens, le bord à fond bleu avec compartimens & fleurs.

317 Dix-huit Assiettes, avec roses, fleurs & nœuds.

318 Douze Assiettes, à dentelle, fleurs & nœuds, les bords en broderie.

319 Douze autres.

320 Six grands Compôtiers, en quatre sortes, à fleurs, rameaux & bouquets, l'un endommagé.

321 Cinq

321 Cinq grands Compôtiers, en deux sortes, à vases, fleurs & ornemens, l'un endommagé.

322 Un petit Compôtier & six petits Plats à Beurre, bleus, à compartimens & fleurs.

323 Six Plats, de Porcelaine truitée, assortis, à compartimens, nœuds, fleurs & autres ornemens, un peu endommagés.

324 Deux grands Plats profonds, assortis, avec compartimens, fleurs & nœuds.

325 Deux Vases arrondis par devant & plats par derriere, avec cinq petites Bouteilles assorties.

326 Quatre Cornets & trois petites Bouteilles, assorties, avec arbres & fleurs.

327 Quatre Burettes & six Tasses à Chocolat, fond de Marseille, à bords bleus.

328 Six Tasses à Chocolat, à bords bruns, avec fleurs, & deux Soucoupes à bords contournés.

329 Douze Tasses & Soucoupes à Thé, avec figures & fleurs, un peu endommagées.

330 Cinq Tasses & six Soucoupes à Thé, & un Pot à Sucre, avec le Taureau à la corde.

331 Une grande Jatte avec quatre petites Bouteilles, & deux petites Urnes.

332 Une autre avec sept petits Morceaux de Porcelaine.

333 Une autre avec vingt-un petits Morceaux.

334 Une autre avec dix petits Morceaux.

335 Une autre avec vingt petits Morceaux.

336 Une autre avec neuf petits Morceaux.

Porcelaine Bleue, de Saxe.

337 Deux petits Pots à Beurre, ronds, avec Couvercles, Oreilles & Soucoupes.

338 Une Théiere & un Pot à Lait.

339 Une Théiere & un Pot à Lait, un peu endommagés.

340 Trois Théieres.

341 Six Taſſes & Soucoupes à Caffé, à côtes.

342 Douze Taſſes & Soucoupes à Thé.

Statues, Figures & Curioſités de Porcelaine.

343 Un petit Coq du Japon, dit *à Drap-d'or*, poſé ſur un Pied en forme de feuille de vigne, & autres branchages & ornemens, d'un beau deſſin, & très joli, un peu endommagé à la crête.

344 Deux Coqs couchés, de couleur d'olive, d'une attitude & d'un deſſin extraordinaires & achevés, avec des Pieds quarrés détachés, fort rares, l'un eſt un peu endommagé à la queue.

345 Deux petites Poules couchées, à plumes de Coucou, chacune avec deux Pouſſins, d'une ordonnance particuliere, & rares, un peu endommagées.

346 Deux

346 Deux Tigres ſur pieds, portant chacun un Chinois ſur le dos, fort joliment habillés, garnis d'ornemens, le tout très curieux, un peu endommagés.

347 Deux jolis Perroquets bleus, juchés ſur une Grotte, d'une couleur vive & d'un deſſin hardi.

348 Deux ſuperbes petits Chandeliers, de la forme d'un tronc d'arbre, ébranché & tortueux, avec fleurs de relief, ſur le tronçon inférieur eſt aſſis un vieux Singe, portant ſon petit ſur le dos, un peu endommagé.

349 Deux Théieres ſingulières, de couleur de Caffé ou brun foncé, l'une à compartimens contournés & broderie, & par le haut ovale; l'autre, depuis le bas du ventre avec des Tuyaux d'Orgue droits, & d'un deſſin extraordinaire.

350 Trois grandes Poupées Chinoiſes, endommagées.

351 Trois Chinois aſſis, avec ornemens, en différente attitude, les mains endommagées.

352 Deux Chinois aſſis, avec des Boucles aux Oreilles, l'un ayant un Chat ſous le pied, & l'autre tenant un petit Chien dans les mains, tous deux richement habillés, & deſſinés en verd.

353 Deux autres dans le même goût, très étoffés d'habillement, & d'une belle ordonnance, l'un endommagé à la main.

354 Deux autres, en habillement jaune & verd, chacun avec deux Pantoufles déchauffées, & ornemens, un peu endommagés.

355 Deux autres, en verd avec couleurs & fleurs, l'un ayant un petit Oiſeau ſur la main, & l'autre tenant un petit Bâton d'or, les doigts ſont mutilés.

356 Six Statues blanches, quatre aſſiſes & deux couchées, d'une riche ordonnance, avec ornemens, l'une endommagée.

357 Cinq Chinois aſſis, blanc & bleu, un peu endommagés.

358 Six autres, de différente ſorte.

359 Deux petits Coqs ſur pieds, & quatre petits Singes aſſis ſur des Bâteaux, un des Coqs eſt endommagé.

360 Sept petits Statues Chinoiſes, aſſorties, blanc, rouge & or.

361 Douze petites Chinois aſſis.

362 Douze autres.

363 Douze autres, dont quelques-uns ſont endommagés.

Statues & Figures de Pierre de Lard.

364 Une très jolie Grotte, haute de quatre pouces au milieu, de trois pouces aux côtés, & large de dix pouces, ſur laquelle eſt un Sultan debout, haut de douze pouces y compris les or-

ornemens, en Habit d'Ordre, de Drap d'Or, tenant sa Ceinture de la main droite dirigée vers le bas, & de la main gauche sur l'épaule, au-dessus de la tête, un rameau avec des fruits, au côté droit est un Chinois en habit d'étoffe à fleurs, regardant en haut & portant des fruits dans ses mains, à sa Ceinture pend une petite Cruche, au côté gauche sur un petit Rocher particulier, où se voit un Cerf ou une Biche sur pieds, recourbé vers le bas, le tout parfaitement dessiné au naturel, très étoffé, & du premier goût.

365 Deux autres Grottes, hautes de trois pouces & demi au milieu, d'un pouce & demi aux côtés, & larges de six pouces & demi, sur chacune desquelles est un Sultan, haut de neuf bons pouces & demi y compris les ornemens, en Habit d'Ordre à fleurs tout uni, tenant de ses deux mains sur l'épaule un rameau avec des fruits au-dessus de la tête, à droite & à gauche un Cerf, ou une petite Biche & des Oiseaux, aussi très curieuses & un peu endommagées.

366 Deux autres Grottes, hautes de quatre pouces & demi au milieu, de trois pouces aux côtés, & larges de sept pouces, sur chacune desquelles est un Sultan, haut de neuf pouces & demi y compris les ornemens, en Habit long & uni, tenant une main cachée sous un manteau, & de l'autre, sur l'épaule, un rameau avec des fruits au-dessus de la tête, à droite & à gauche une petite Biche couchée, & de petits Oiseaux sur pieds, très particulières.

 367 Une

367 Une autre Grotte, haute de trois pouces & demi au milieu, de deux pouces aux côtés, & large de neuf pouces, ſur laquelle eſt un Sultan, haut de neuf pouces y compris les ornemens, en Habit à fleurs, d'attitude & d'ordonnance comme les précédens, à ſa gauche une petite Biche couchée, Morceau qui n'eſt pas moins beau que les autres.

368 Deux Pédagogues Chinois debout, en Habit long à fleurs d'or, chacun de la hauteur de dix pouces & demi, & ayant à la main, ou à côté, un Enfant, tous dans une attitude modeſte, & très jolis.

369 Un Sultan, haut avec ſon Piedeſtal douze pouces, & une Sultane, haute avec le Piedeſtal onze pouces, tous deux en Habit d'Ordre ſuperbe & brillant, d'un deſſin hardi, de couleurs raviſſantes, & richement ornés d'or, les Piedeſtaux noirs, octogones, incruſtés de Nacre-de-Perle, & ornemens.

370 Un Sultan & une Sultane, portant un Enfant ſur le bras, hauts avec les Grottes chacun de dix pouces, artiſtement habillés, avec ornemens.

371 Un petit Homme Chinois avec un bonnet ſur la tête, en habillement bleu, leſte, riche en or, appuyé ſur un grand bâton, & ayant au côté droit un jeune Garçon en pareil habit, & une autre petite Femme en habit leger, avec un Pot dans les mains, une petite Cruche à la ceinture, & un Chien ſur pieds à côté d'elle, toutes deux hautes, avec les Grottes, dix pouces, très rares.

372 Deux

372 Deux Chinois avec Habillemens & Ornemens très jolis, brodés d'or, de couleurs vives, dans une attitude majeſtueuſe, d'un deſſin particulier, & très curieux, hauts, avec les Grottes, neuf pouces.

373 Deux autres, à-peu-près dans le même goût, différens de couleur & de deſſin, hauts, avec les Grottes, neuf pouces.

374 Deux Sultanes, en Habits d'Ordre, rouge avec or, de deſſin divers, hautes, avec les Grottes, neuf pouces.

375 Trois Statues, chacune haute, avec les Grottes, neuf pouces, en habillement leger & brodé, d'ordonnance riche, & dans différentes attitudes.

376 Deux autres Statues artiſtement travaillées, d'une figure particuliere, appuyées ſur des béquilles, en habillement riche, & d'un deſſin correct.

377 Deux autres de pareille ordonnance, pas moins ſingulieres.

378 Deux Dames Chinoiſes, chacune couchée ſur un Sofa, avec ornemens en Ivoire, ſculptés à jour, un peu endommagées.

379 Deux Grottes curieuſes avec des Chinois couchés deſſus, en habillement ſuperbe & attitudes diverſes, avec autres figures, vaſes, fleurs & ornemens, très rares.

380 Deux autres qui ne leur ſont point inférieures en art, habillement & ornemens, l'une endommagée.

381 Un Chinois couché & deux autres assis sur des Grottes, d'un dessin très étoffé, en habits brodés, fort jolis.

382 Trois autres d'un fort bon goût, en habillement riche, or & couleurs, chacun accompagné d'un Animal différent, & en actions diverses.

383 Trois autres chacune d'ordonnance singuliere, à linéamens fort jolis.

384 Quatre autres.

385 Deux autres sur des Piedestaux, & deux semblables d'une sorte plus petite, avec ornemens & fleurs.

386 Quatre Chinois assis sur un fond noir incrusté d'or, en habillemens brodés, verd, rouge, violet & couleurs, deux en postures égales, & deux en différentes actions, très jolis.

387 Quatre autres, avec de beaux habits, en deux différentes actions, violet, rouge & couleurs, avec ornemens.

388 Quatre Statues assises, fort curieuses, avec des Boucles aux Oreilles & des Anneaux aux doigts.

389 Quatre autres d'égale sorte, en joli habillement, & particulieres à tous égards.

390 Quatre autres en deux sortes, d'un très beau dessin & en attitudes agréables.

391 Quatre autres en deux sortes, à linéamens fort étoffés, richement habillées & proprement travaillées, avec de superbes ornemens.

392 Qua-

392 Quatre autres en deux ſortes.

393 Quatre autres d'une ſorte, en joli habillement, chacune d'une façon particulière, tenant en mains des fruits &c.

394 Quatre autres de différentes ſortes, avec ornemens.

395 Quatre autres, fort étoffées.

396 Quatre autres, tout-à-fait ſingulières.

397 Deux petits Hommes debout, en habillement particulier, & d'un goût ſingulier.

398 Quatre autres plus petits, blanc rehauſſé d'or, chacun en attitude particulière, auſſi ſur des Pieds noirs incruſtés, très propres, & d'un deſſin bien proportionné.

399 Trois autres, aſſortis, en habillement très joli, de couleur vive, & fort étoffés.

400 Trois autres, aſſortis, auſſi d'ordonnance riche, artiſtement travaillés, & d'une grande beauté.

401 Une petite Grotte bleue, avec dix petites Figures Chinoiſes couchées, très jolie & artiſtement travaillée.

402 Deux grandes Taſſes ayant chacune en dedans ſix petites Figures pareilles, un peu plus petites, de différentes couleurs, très rares.

Statues & Figures de Bouïs & d'autre Bois.

403 Deux fort jolis petits Pêcheurs Chinois, posés sur des pieds plats, avec des chapeaux détachés sur la tête, tenant d'une main une ligne, & de l'autre un poisson, à la ceinture est attaché un panier à poisson, le tout d'un dessin achevé, & d'un goût particulier.

404 Deux Bonzes Chinois, posés sur des pieds plats, avec de longues barbes, habits proprement travaillés & ornemens, à côté de chacun une cigogne sur pieds, aussi d'un dessin très étoffé.

405 Deux petits Hommes, posés sur des pieds plats, en figure de Soldats, l'un avec une hallebarde, & l'autre un bâton à la main, fort artistement travaillés.

406 Deux Chinois, posés sur des pieds plats, l'un en habillement long & l'autre court, tous deux en dévotion, avec ornemens.

407 Deux Indiens, sur des pieds plats, l'un est un Homme nud jusqu'à la moitié du corps par devant, avec un manteau pendant sur les épaules par derriere, une ceinture autour du corps, & à côté de lui un crapaud sur pieds; l'autre est une Femme, en habillement leste, assise en posture courbée, & tenant ses mains sur son genou gauche, tous deux extrêmement bien sculptés.

408 Deux Statues, artistement travaillées, d'une figure particulière, appuyées sur des béquilles,

en

en habillement fort étoffé & linéamens très jolis.

409 Une autre de même ordonnance, & encore une plus petite, d'un deſſin leger & particulier.

410 Un Chinois à Cheval, & un autre aſſis, tous deux curieuſement deſſinés, montés de verd & très étoffés.

411 Deux Figures nuës, l'une eſt une Femme agenouillée ſur le genou droit, & occupée à attacher une jarretiere à la jambe gauche; l'autre eſt un Homme aſſis ſur une maſſuë, tenant de la main droite une boule, & de la gauche un petit drapeau, toutes deux artiſtement deſſinées au naturel.

412 Une fort jolie Statue, ſur un petit piedeſtal noir incruſté de fleurs, repréſentant un Mendiant aveugle, tenant de la main droite un long bâton, & dans la gauche un grelot, avec un gros Chien entre ſes jambes; une autre pareille Statue, qui eſt une Femme, ayant un bras mutilé, tenant à la main gauche un jeune Garçon avec une jambe de bois, s'appuyant ſur une béquille, & tenant en ſa main un bonnet ou chapeau, toutes deux du premier goût, & les proportions exactement obſervées.

413 Une Figure d'Homme, en habillement Eſpagnol fort étoffé, jouant de la Vielle, devant lui ſe tient un petit Garçon avec un Violon; une autre, qui eſt une Femme, portant ſur le dos & au ſein un Enfant, & à côté d'elle un Garçon avec l'inſtrument nommé

Rom-

Rommelpot, toutes deux traitées lestement tant pour l'attitude, que pour l'habillement & les autres ornemens, & d'une beauté extraordinaire.

414 Une petite Femme, portant sur le dos & au sein un Enfant, ayant auprès d'elle un petit Garçon, l'une & l'autre en attitude consternée & attristée, d'un travail non moins beau que les precédentes.

415 Deux petits Ramoneurs de Cheminée Italiens, avec dix-huit petites Figures très particulières, quelques-unes endommagées.

416 Un petit Coq bleu, sur pieds, très joli, d'une matière de composition, endommagé à la queue.

OUVRA-

OUVRAGES DE LACQ
DU
JAPON ET DE LA CHINE.

La plupart des Premieres Sortes.

1 UN ſuperbe Cabinet, ſur un Pied de bois de noyer brun; haut, deux pieds & demi, large, deux pieds onze pouces, profond, un pied ſept pouces, le fond de lacq noir, en dehors & en dedans bas-relief d'or, orné de fleurs, branchages, oiſeaux & métaux, renfermant dix Tiroirs du même travail, ſavoir un en haut par deſſus toute la largeur, enſuite trois, puis deux, & encore quatre, dont deux en haut dans les coins, fermans à clef, & deux l'un ſur l'autre, les bords des battans ou portes & le fond des Tiroirs en dedans avanturiné, monté de Cuivre doré, d'un travail exquis, & d'un deſſin très propre.

2 Un autre, en tout conſtitué comme le précédent, & pas moins beau.

3 Un Cabinet, ſur un Pied de bois d'ébene noir, haut, deux pieds & demi, large, deux pieds onze pouces, profond, un pied ſept pouces, le fond de lacq noir, en dehors & en dedans bas-relief d'or, avec montagnes, rochers, branchages, fleurs & métaux, renfermant auſſi dix Tiroirs, même travail & même ordonnance que les précédens, les bords des battans & le fond des Tiroirs avanturiné, monté en Cuivre doré, & très bien conſervé.

4 Un

4 Un autre, en goût, ordonnance & dessin comme les précédens, aussi très curieux.

5 Un fort joli Cabinet, haut, treize, large, quatorze, profond, onze pouces, très richement monté en argent, le fond noir, semé d'or, en dehors à cinq compartimens, chacun d'une très belle ordonnance, & étoffés avec châteaux, rochers, montagnes, arbres, cerfs, biches, canards sauvages, branchages, fleurs & métaux, le bord extérieur avanturiné, renfermant six Tiroirs, dans le même goût, savoir deux par dessus toute la largeur, deux à la moitié de la largeur, un en haut dans le coin, fermant à clef, & deux l'un au dessus de l'autre, les portes en dedans avanturinées, & les Tiroirs argentés; Pièce sans pareille, de la premiere & de la plus renommée Classe.

6 Un Coffret ou Coussin à coudre, quarré, sur quatre pieds, les coins en colomnes, fond noir, entouré de quatre Tableaux différens, à bords avanturinés de métaux, avec les Chinois passant le pont, des animaux, l'oiseau sur la branche, collines, arbres & fleurs, le tout travaillé en or, le Couvercle élevé, en dedans avec un compartiment, à côté un Tiroir secret, avanturiné avec fleurs, aussi de la premiere Classe.

7 Un autre Coffret ou Coussin à coudre, dans le même goût que le précédent, noir sur noir, en dedans avanturiné, monté en argent.

8 Un Coffret quarré, en dehors noir sur noir, le Couvercle bas-relief d'or, en dedans avanturiné, renfermant un Baquet quarré & profond, noir

noir à fleurs d'or, & par derrière avanturiné, monté en argent, & fort joli.

9 Un Coffret quarré, en dehors noir sur noir, le Couvercle bas-relief d'or, avec châteaux, collines, arbres & ornemens, en dedans avanturiné, renfermant un Baquet quarré, noir & or, d'un travail fort étoffé.

10 Une très jolie Boëtte à Couleurs, platte & quarrée, en dehors noir sur noir, avec un petit bord d'or, le Couvercle très beau, & bas-relief étoffé dans un fond d'or, châteaux, rochers, oiseaux, en dedans avanturiné avec ouvrages en bosse, d'un goût très riche, renfermant un Baquet quarré avec deux Pinceaux détachés, une semblable Palette à Couleurs, avec un morceau d'Encre à la Chine, & un Baquet à eau, de Cuivre, en dessus avanturiné avec fleurs, & par derriere de Lacq noir, le tout très artistement travaillé, & de la premiere Classe.

11 Une Boëtte à Tabac, octogone, en dehors noir avec métaux & bords d'or, à compartimens, dans chacun desquels est un branchage d'or différent, très étoffé, le Couvercle bas-relief d'or, avec bluets, oiseaux & arbres, en dedans avanturiné, monté en argent.

12 Une Boëtte platte & quarrée, à bords d'or contournés, en dehors noir sur noir, le Couvercle avec ornemens de relief, collines, oiseaux couchés ou volans, & fleurs, en dedans avanturiné, dans un fond d'or bas-relief, avec châteaux, arbres & métaux, un peu endommagée.

13 Deux Boëttes à Toilette, quarrées, noir sur noir, à bords d'or & broderie, le Couvercle avec ornemens de relief, châteaux, tertres & arbres, avanturiné en dedans.

14 Un Coffret quarré, noir à bords d'or, orné tout autour & sur le Couvercle de châteaux, arbres & métaux bas-relief, en dedans avanturiné, renfermant un petit Baquet avanturiné, noir par derriere, un peu endommagé.

15 Un très singulier Déjeuné ou Boette à provisions, dont une moitié ovale, fond noir avec ornemens de relief, oiseaux, plantes & métaux, & l'autre moitié en forme d'éventail ouvert, avec dix campanes, chacune d'ordonnance particuliere, bas-relief, avanturine, broderie, fleurs & ornemens, le Couvercle divisé en deux parts, l'une avec châteaux, arbres & métaux, l'autre campanée & très diversifiée de dessin, en dedans avanturine; renfermant deux petits Pots bleus d'ancienne Porcelaine de la Chine, monté en argent doré, & une semblable Cueillere, le tout d'une beauté extraordinaire, & très rare.

16 Un Baquet de Comptoir, quarré oblong, en dehors noir avec de legers & riches ornemens très étoffés, représentant des canards, oiseaux, arbres & plantes, entouré de coqs & de poules, en dessous & en dedans avanturiné, & dans le Couvercle deux coqs qui se battent, le tout très mignon.

17 Un autre Baquet de Comptoir, quarré oblong, d'un dessin différent, & non moins singulier.

18 Une

18 Une petite Boëtte quarrée, noir à bords d'or, le Couvercle avec de très curieux ornemens de relief, châteaux, collines, pierreries & métaux, en dedans avanturinée.

19 Deux hautes Théieres à cinq compartimens contournés, noir avec ornemens de relief superbes & très étoffés, châteaux, collines, oiseaux, arbres, pierreries & ornemens.

20 Une Boëtte à Thé quarrée, bas-relief noir, avec châteaux, collines, granges & ouvrages étoffés, les bords avanturinés.

21 Deux Sueriers, ou petites Jattes, à Couvercles & bords d'or, en dehors bas-relief, avec fleurs & ornemens, en dedans de Lacq rouge.

22 Deux Soucoupes octogones, d'une beauté extraordinaire, à bords contournés, le fond noir semé d'or, avec ornemens de relief très mignons & très étoffés, collines, châteaux, arbres, oiseaux, pierreries & métaux, bord d'or, à broderie & ornemens.

23 Deux Plateaux à Thé, quarrés oblongs, noir, dans le milieu, un Vase, une Urne & une Bouteille avec fleurs, papillons, & autres ouvrages très étoffés, le bord intérieur festonné, & l'extérieur à broderie, le tout d'une beauté extraordinaire pour l'ordonnance, & d'un dessin très élégant.

24 Un petit Plateau à Thé, à bords contournés, sur quatre pieds, fond noir, avec ornemens de relief très curieux, vase & fleurs avec métaux, le bord avanturiné.

25 Deux autres petits, octogones, noir avec ornemens de relief, châteaux, collines & arbres, les bords à fleurs & broderie.

26 Une Boëtte à poudre, de forme ovale, à fond noir, entourée de fleurs, le Couvercle très étoffé, avec châteaux, collines & arbres, en dessous & en dedans avanturinée.

27 Une autre à compartimens, avec animaux, oiseaux, arbres, fleurs, barrières & ornemens, le tout bas-relief, le fond & les bords avanturinés, en dedans de Lacq rouge.

28 Un très joli Pot tout rond, avec son Couvercle, fond noir avec ornemens, fleurs & métaux, le bord à broderie.

29 Un Etui à Instrumens, oblong, noir, avec pierreries, arbres, fleurs & ornemens très étoffés.

30 Un Nid de quatre petites Boëttes rondes, à fond noir, en dehors avec branchages, le Couvercle bas-relief, orné de pierreries, châteaux & oiseaux.

31 Un autre de trois petites Boëttes rondes, de différent dessin.

32 Deux autres, de plus petite sorte.

33 Deux autres.

34 Un Nid de trois petites Boëttes rondes, fond noir, en dehors à bouquets, le Couvercle avec ornemens de relief, pierreries & ouvrages étoffés.

35 Un autre, d'un goût différent.

36 Un autre, de forme plus petite.

37 Un autre, d'un deſſin particulier.

38 Un Nid de deux grandes Boëttes plattes, fond noir, en dehors avec pierreries, châteaux, ponts, arbres & barrières, le Couvercle bas-relief, du même patron.

39 Un autre, pas moindre en ſorte.

40 Six Taſſes & Soucoupes à Thé, fort jolies, fond noir, les Taſſes en dehors avec pierreries, châteaux, l'oiſeau ſur la branche, & ornemens, en dedans avec branchages, les Soucoupes bas-relief, avec oiſeaux, l'arbre au poivre, & barrières, le bord à broderie.

41 Six autres Taſſes & Soucoupes à Thé, fond noir, les Taſſes en dehors avec pierreries, châteaux, oiſeaux & fleurs, en dedans un épi, les Soucoupes avec collines, arbres & ornemens, le bord à broderie.

42 Six autres paires, fond noir, les Taſſes en dehors bas-relief, avec collines, arbres & fleurs, en dedans à fleurs & rameaux, les Soucoupes avec châteaux, ponts, arbres & ornemens, les bords à broderie.

43 Six autres paires, deux Soucoupes d'un différent deſſin.

44 Six paires de Taſſes à Caffé, fond noir, les Taſſes en dehors à fleurs fort legeres, en dedans à rameaux, les Soucoupes plattes, avec

 châ-

châteaux & arbres, les bords à barrières avec bouquets.

45 Six autres paires, de différent dessin.

46 Six autres paires, assorties, avec ornemens de relief.

47 Six paires de Tasses à Thé, fort étoffées d'ordonnance, assorties.

48 Six Tasses & quatre Soucoupes en trois sortes, d'un dessin riche, & très jolies.

49 Un Coffret quarré, à fond brun avec flammes, sur le Couvercle un Vase d'or avec fleurs, en dedans bien doré, renfermant un autre Baquet, noir par derriere, monté en argent.

50 Une Table ovale de bois de noyer à dresser de la Porcelaine, avec un pareil Baquet séparé, sur lequel se voit un très joli Cartouche vernissé de noir, avec deux anses d'argent, en dehors bas-relief, oiseaux, fleurs, métaux & ornemens, un peu endommagée.

51 Un fort joli Plat rond, fond noir, au milieu avec un compartiment à ornemens de relief en or, les Chinois passant le pont, collines, châteaux, arbres, métaux & pierreries, le bord à broderie.

52 Deux Plateaux à Thé, à bords contournés, & quatre petits pieds, fond noir, différent, bas-relief, avec collines, animaux, papillons, arbres, métaux & ornemens, le bord en dedans & en dehors avanturiné.

53 Un

53 Un Baquet de Comptoir, quarré oblong, en dehors noir, avec ornemens legers & riches, très étoffés, oiseaux, arbres & plantes, entouré de coqs & de poules, en dessous & en dedans avanturiné, & dans le Couvercle deux coqs dressés qui se battent, avec un Encrier & un Sablier de verre, couverts de boutons de Cuivre, le tout fort curieux.

54 Deux Boëttes oblongues, figurées, dans la forme d'un tréfle rompu, fond noir, le Couvercle avec de riches ornemens de relief, très jolis, collines, châteaux, animaux, arbres, plantes & pierreries de métaux, les bords à broderie, en dedans avauturinées, renfermant un Baquet très étoffé & d'un dessin pareil, le bord avanturiné, par derrière noir, très rares.

55 Une Boëtte ronde, particulière, à bords d'or & contournés, fond noir, le Couvercle échancré des deux côtés très profondément, & avec un petit bord à broderie, en dessus bas-relief, châteaux, collines, rochers, arbres, métaux & pierreries, en dedans avanturiné avec fleurs, renfermant un Baquet de même ordonnance, avec figures, le bord avanturiné, par derrière noir, & encore deux petites Boëttes, en Croissant, les deux faisant la forme entière, les Couvercles avec ornemens de relief d'or & très étoffés, en dedans avanturinés.

56 Une Boëtte ovale, fond noir tout autour, & le Couvercle bas-relief, très étoffé de figures, châteaux, collines, arbres, pierreries & métaux, en dedans avanturinée, renfermant un Baquet de pareil dessin, le bord à broderie, par derrière avanturiné.

57 Deux grandes Boëttes rondes à poudre, noir en dehors & en dedans, le Couvercle bas-relief, avec arbres, plantes & ornemens, l'une eſt un peu endommagée.

58 Deux Nids chacun de quatre petites Boëttes rondes, en dehors à broderie, le Couvercle bas-relief, & très étoffé, en dedans avanturiné, l'une eſt endommagée.

59 Deux Nids, chacun de deux Boëttes quarrées, noir avec ornemens de relief, l'une eſt endommagée.

60 Une Boëtte ovale & une ronde, aſſorties, noir avec fleurs.

61 Une autre grande Boëtte ovale, & quatre plus petites en trois ſortes avec nuages.

62 Six Taſſes & Soucoupes à Thé, & une Jatte à rincer, noir avec fleurs.

63 Deux Nids, chacun de deux Boëttes quarrées, noir, bas-relief d'or, dont deux ſont endommagées.

64 Deux petites Boëttes quarrées à fleurs.

65 Un petit Cabinet renfermant quatre Tiroirs, façonné en creux, monté en argent.

Ouvrages de Vernis des Indes-Orientales.

66 Deux grands Plateaux verniſſés, de forme quarrée, à fond noir, avec un compartiment dans le milieu, où l'on voit un château, un petit bâ-

bâteau, un pont, des collines, arbres & ornemens, le bord intérieur & extérieur à broderie.

67 Deux autres.

68 Deux autres.

69 Deux autres.

70 Deux autres.

71 Deux autres.

72 Deux autres grands Plateaux, à un compartiment, dans lequel est un Vase avec fleurs, papillons & bouquets, le bord intérieur & extérieur à feuillages.

73 Deux autres.

74 Deux autres.

75 Deux autres.

76 Deux autres.

77 Deux autres, l'un de différent dessin.

78 Deux autres grands Plateaux, ornés d'un feston de branchages, fruits & fleurs, avec deux Oiseaux gisans, le tout en couleurs, le bord à broderie.

79 Deux autres.

80 Deux autres grands Plateaux, à un compartiment, qui renferme un Chinois debout sur un poisson à terre, collines & arbres, le bord intérieur avec poissons, papillons & fleurs, l'extérieur à broderie.

81 Deux autres grands Plateaux, avec deux Serpens entortillés l'un dans l'autre, en couleurs & ornemens, le bord à feuillages.

82 Deux autres grands Plateaux, à un compartiment qui renferme un Serpent rampant & entrelaſſé ayant un petit Oiſeau dans la gueule, les bords à broderie.

83 Un autre, à bords contournés.

84 Deux autres Plateaux, à un compartiment, qui renferme des cerfs & des biches, ſur pieds & couchés, avec collines & arbres, le bord extérieur & intérieur à nœuds.

85 Deux autres.

86 Deux autres.

87 Un autre tant ſoit peu plus petit, & ovale, le bord intérieur avec poiſſons, oiſeaux, papillons & fleurs.

88 Deux autres grands Plateaux quarrés, à un compartiment, avec un oiſeau volant, papillons, fleurs, branchages & ornemens, les bords à feuillages.

89 Deux autres.

90 Deux autres grands Plateaux, à un compartiment, avec les Chinois paſſant ſur le pont, collines & arbres, les bords feſtonnés.

91 Deux autres grands Plateaux, à un compartiment, rempli de brebis ſur pieds & couchées, collines & arbres, les bords figurés à fleurs.

92 Deux

92 Deux autres.

93 Deux autres, un peu plus petits, & ovales, du même patron, le bord intérieur avec poiſſons, papillons, fleurs & autres ornemens, le bord extérieur à broderie.

94 Deux autres.

95 Deux autres.

96 Deux autres.

97 Deux autres.

98 Deux autres, l'un à bords contournés.

99 Un grand Plateau quarré à un compartiment où ſe voient des Ours marchant & grimpant, les bords à dentelle.

100 Deux autres, un peu plus petits & ovales, le bord intérieur avec poiſſons, oiſeaux & fleurs, le bord extérieur à broderie.

101 Deux autres, le bord intérieur avec écreviſſes & fleurs.

102 Deux autres aſſortis, les bords avec poiſſons, papillons, oiſeaux & fleurs.

103 Deux autres grands Plateaux quarrés, à un compartiment avec poiſſons nageans, les bords à dentelle & broderie.

104 Un autre, un peu endommagé.

105 Deux autres, un peu plus petits.

106 Deux autres.

107 Deux

107 Deux autres grands Plateaux, à un compartiment, avec Chinois, collines, arbres & barrières, les bords à broderie.

108 Un autre.

109 Deux autres, un peu plus petits & ovales, l'un tant ſoit peu endommagé.

110 Trois autres encore plus petits, différens, les bords avec poiſſons, papillons & fleurs.

111 Un grand Plateau quarré, à bords recourbés en dedans, à un compartiment qui repréſente une Chaſſe au Cerf, avec collines & arbres, le bord intérieur à fleurs & oiſeaux, l'extérieur à broderie.

112 Deux autres, un peu plus petits & ovales, le bord intérieur avec écreviſſes, oiſeaux & fleurs.

113 Un autre.

114 Deux autres grands Plateaux quarrés, à un compartiment, où ſont des Oies ſur pieds & volantes, roſeaux & autres ouvrages, le bord intérieur avec poiſſons, écreviſſes, papillons, coquillages & fleurs, le bord extérieur feſtonné.

115 Deux autres.

116 Un autre, les bords avec poiſſons, papillons & fleurs.

117 Trois autres, un peu plus petits.

118 Deux

118 Deux autres grands Plateaux quarrés, à un compartiment où ſont des Cicognes volantes & ſur pieds, les bords avec poiſſons, papillons & fleurs.

119 Deux autres, à bords contournés, aſſortis.

120 Un autre, à bord différent.

121 Deux autres grands Plateaux ovales, à un compartiment où ſont un Chaſſeur avec ſes Chiens, collines & arbres, le bord intérieur avec écreviſſes, poiſſons & fleurs, le bord extérieur à broderie.

122 Un autre.

123 Deux autres grands Plateaux quarrés, à un compartiment où ſont des Chinois, arbres & ornemens, les bords avec poiſſons, papillons & fleurs.

124 Un autre, à bords contournés.

125 Deux autres, un peu plus petits.

126 Deux autres, à bords contournés.

127 Deux autres grands Plateaux quarrés, à un compartiment avec figures, arbres & ornemens, les bords à papillons, chenilles & fleurs.

128 Deux autres, un peu plus petits, ovales, l'un à bords contournés.

129 Deux autres grands Plateaux quarrés, à un compartiment, dans l'un, des canards de montagne & la gerbe de roſeaux, & dans l'autre, l'oi-

l'oiseau fur la branche & arbres, le bord intérieur avec poiffons, papillons & fleurs, le bord extérieur à broderie.

130 Deux autres, à un compartiment, où font des perdrix volantes & fur pieds, les bords avec poiffons, écreviffes, papillons & fleurs.

131 Deux autres plus petits, ovales, à bords contournés.

132 Deux autres, affortis.

133 Deux autres grands Plateaux quarrés, à un compartiment où font des Chinois dans des bâteaux, gerbes de rofeaux & ornemens, les bords avec poiffons, papillons, chenilles & fleurs.

134 Un autre, un peu plus petit.

135 Deux autres grands Plateaux, à un compartiment, dans l'un defquels font des poiffons; dans l'autre des ferpens & animaux, le bord intérieur avec poiffons, papillons & fleurs, le bord extérieur à broderie.

136 Deux autres grands Plateaux ovales, à bords contournés, à un compartiment où font le dragon & des montagnes, les bords avec poiffons, papillons & fleurs.

137 Deux autres grands Plateaux, à un compartiment où font des Chinois debout & couchés, oifeaux & ornemens.

138 Deux autres un peu plus petits, quarrés, avec Chinois couchés, les bords differens.

139 Deux

139 Deux autres ovales.

140 Un autre à bords contournés.

141 Deux autres grands Plateaux ovales, à un compartiment, où ſont des Chinois, animaux & ſerpens.

142 Deux autres grands Plateaux différens, à compartimens, dans l'un, des oiſeaux, & dans l'autre, des animaux & des Chinois.

143 Un autre grand Plateau, à un compartiment, avec oiſeaux, papillons, fleurs & autres ornemens, les bords à broderie.

144 Deux autres Plateaux un peu plus petits, quarrés, avec un Pêcheur, arbres & ornemens, le bord intérieur à papillons, chenilles & fleurs, le bord extérieur à broderie.

145 Un autre ovale.

146 Deux autres Plateaux quarrés, à un compartiment avec un Chinois, des collines, arbres & ornemens, le bord intérieur avec oiſeaux, chenilles & fleurs.

147 Un autre ovale.

148 Deux autres Plateaux quarrés, à un compartiment, avec un Chinois combattant contre un Serpent, & une gerbe de roſeaux, les bords à fleurs.

149 Deux autres.

150 Trois autres, un ovale, & un à bords contournés & figurés.

151 Trois

151 Trois autres Tableaux, ovales, à bords contournés, à un compartiment avec de gros poiſſons, le bord intérieur avec chenilles, papillons & fleurs, le bord extérieur à broderie.

152 Deux autres.

153 Deux autres, un ovale, les bords avec poiſſons, papillons & fleurs.

154 Deux autres Plateaux ovales, à un compartiment, où ſont une tortuë, un ſerpent, & ornemens, les bords avec poiſſons, papillons & fleurs.

155 Deux autres à bords contournés.

156 Deux autres Plateaux ovales, à un compartiment où il y a un grand poiſſon, qui en tient un petit dans la gueule, les bords avec poiſſons, écreviſſes & fleurs.

157 Deux autres, l'un à bords contournés.

158 Un Plateau quarré, & un autre ovale, à un compartiment avec animaux, & la gerbe de roſeaux, le bord intérieur avec papillons, chenilles & fleurs, le bord extérieur différent.

159 Deux autres ovales, l'un à bords contournés, à un compartiment avec oiſeaux de proie, arbres & ornemens, les bords avec poiſſons, papillons & fleurs.

160 Deux autres Plateaux quarrés, à un compartiment avec oiſeaux & fleurs, les bords aſſortis.

161 Deux autres, l'un à bords contournés, différens en ordonnance.

CURIO-

CURIOSITÉS ET CAMÉES OU PIERRES

Gravées en Relief et en Creux.

1 Un Coffret quarré revêtu de Maroquin rouge, en dedans très artiſtement travaillé & doublé d'écarlate, renfermant un très beau Service de Vermeil, conſiſtant en un fort grand Miroir, une Aiguire avec ſon Baſſin, une grande Jatte ovale, ſix Taſſes à Caffé, trois Plats, huit Aſſiettes, une Jatte à Bouillon, une Terrine, quatre Cueillieres, quatre Fourchettes, quatre Couteaux, un Sucrier, une Salière, deux grandes Boëttes à Toilette, deux Boëttes à Poudre, deux Peignes, une Caſſette à ſerrer des Joyaux, deux petites Boëttes à Mouches, une Broſſette pour les dents, une Spatule à étendre l'onguent, un Baquet à Epingles, des Tablettes à écrire, un Porte Crayon, des Ciſeaux, deux Vergettes, deux Fioles de Senteurs, un Vaſe à Parfum, deux Bouteilles à Liqueurs, deux Chandeliers, des Mouchettes avec le Porte-Mouchettes, une Sonnette, un Entonnoir, & un Encrier avec un Sablier, l'un dans l'autre, le tout d'Argent d'Allemagne, & peſant enſemble cinq-cens quarante-ſix Onces deux Eſtelins.

2 Jeune Homme aſſis jouant de la Lyre, derriere lui eſt un jeune Faune debout jouant de deux Flûtes, gravure indubitablement antique & d'une grande beauté; c'eſt un fragment en Sardoine incruſtée dans une pâte moderne noirâtre.

3 Leda embrassant le Cygne en Agate-Onix, belle gravure antique.

4 Homme assis jouant de la Flûte devant une troupe d'Animaux, dans l'exergue se voit la tête du Soleil en Sardoine, montée en or.

5 Deux Animaux sur un Rocher en Agate-Onix, montée en or.

6 Silene monté sur son Ane en Sardoine, montée en or.

7 L'Adoration des Rois, très belle gravure du commencement du quinzième siècle dans une belle Sardoine, entouré d'un cadre d'or proprement émaillé.

8 Buste de Cléopatre se faisant picquer le sein par un Serpent en Agate-Onix, montée en or.

9 Buste d'Omphale ornée de la peau de Lion en Onix, montée en or, fort jolie gravure.

10 Tête d'Iole avec la peau de Lion en Agate-Onix.

11 Tête d'Antistenes en Agate.

12 Tête d'Ariobarsanes en Agate.

13 Les Têtes d'Auguste & de Livie à côté l'une de l'autre en Agate-Onix, montée en or & ornée de Diamans, de Rubis & de Perles.

14 Têtes d'Auguste & de Livie en Onix, montée en or.

15 Tête de Flavius Vespasien presque de front & de ronde bosse en Sard-Agate, montée en or.

16 Tête

16 Tête de Titus entourée de Laurier en Onix, monté en or.

17 Tête de Femme & de More jointes ensemble en Agate, de l'autre côté est une tête de Vieillard avec un casque, montée en or.

18 Tête de Trajan en Agate-Onix, montée en or.

19 Tête de Vieillard & de Femme en Sardoine, montée en or.

20 Douze Camées représentant les douze Césars en Sardoine.

21 Tête de Mycœnas en Sardoine.

22 Buste de Tibere entouré de Laurier, ses épaules sont ornées de Serpens entortillés avec goût, & sa poitrine de la tête de Méduse, monté en or.

23 Tête d'Empereur en Agate-Onix.

24 Tête de Femme en Agate-Onix.

25 Tête chauve d'un inconnu, montée en or, en Sardoine.

26 Tête d'Empereur en Jaspe-Agate, le Jaspe est jaunâtre.

27 Tête d'Empereur en Agate-Onix.

28 Tête du Duc d'Albe en Agate-Onix, bonne gravure.

29 Tête de Marguerite d'Autriche en Agate-Onix, montée en or.

30 La même en Agate-Onix, montée en argent.

31 Buste du Prince Maurice dans une belle Sardoine de cinq couches, le buste est entouré d'un bord brun très foncé, belle gravure.

32 Buste de Femme en Lapis Lazuli, bonne gravure.

33 Tête de Vieillard dans une très belle Sardoine, montée en or.

34 Sardoine très belle, d'un côté une tête de More en camée, & de l'autre côté une tête de Femme gravée en Creux, montée en or.

35 Tête de More en Sardoine, montée en argent.

36 Tête de More en Sardoine, montée en or.

37 Sardoine, d'un côté se trouve la tête d'un More, & de l'autre celle d'une Moresque, montée en or.

38 Deux têtes exactement de la même façon, & dans la même pierre, montée en or comme la précédente.

39 Cornaline-Onix, d'un côté avec la tête d'un Empereur, & de l'autre avec celle d'une Femme, la dernière est d'un blanc opaque & presque de ronde bosse, montée en or.

40 Tête de More vue de front en Sardoine.

Pierres gravées en Creux.

41 Vieux Faune assis sous un arbre & serrant des deux mains un autre qui est posé devant lui,

en

en Agate barée, gravure antique très belle; elle eſt fort proprement montée en bague d'or orné d'émail.

42 Jeune Faune qui danſe en portant une fille ſur le dos en Niccolo, belle gravure, montée en bague d'or.

43 Le Dieu Mars tenant la picque d'une main & le bouclier de l'autre en Agate barée, en bague d'or.

44 Une Vache ſous un arbre, en Cornaline en bague d'or.

45 Belle tête d'une jeune Femme, dans une belle Sardoine.

46 Mutius Scevola tenant ſa main dans les flammes en Sardoine.

47 Mars aſſis, le caſque en tête embraſſe Venus qui eſt debout toute nue à côté, en Sardoine.

48 Têtes de Marc-Antoine & de Cléopatre jointes enſemble en Cornaline-Onix.

49 Petit Buſte droit, repréſentant un More en Nacre de Perle, avec un Rubis, le Turban orné de Perles, une Cornaline & une Ametiſte, le pied de Jaſpe.

50 Autre petit Buſte repréſentant une Moreſque, en Nacre de Perle, le pied de Jaſpe.

51 Petit More émaillé, avec Diamans-Rozes & une Ametiſte.

52 Autre, avec une petite Pierre opaque.

53 Deux

53 Deux petits Nœuds avec dix Diamans-Rozes.

54 Petite Couronne d'Or des Indes, en Filigranne avec Perles & Rubis.

55 Petit Vaſe & Soucoupe de Pierre de Calcedoine.

56 Pierre Turquoiſe en Matrice.

57 Pierre-de-Porc de Malacca, montée en or avec ſa Chainette, peſant avec l'or, une demi-once, & vingt-cinq as.

58 Coupe d'Agate, avec un pied, montée en or.

59 Petit Gobelet d'Agate Orientale, enchaſſée en argent vermeil.

60 Autre petite Jatte ovale.

61 Autre Platine, octogone, pour une Tabatière.

62 Autre plus petite, ronde.

63 Poignée de Couteau de chaſſe d'Agate-Onix.

64 Autre petit Gobelet, avec un pied.

65 Douze Couteaux à Manches d'Agate, garnis d'argent.

66 Petit Vaſe de Cornaline-Onix, très particulier.

67 Grande Taſſe ronde, de Jaſpe à fleurs, très jolie.

68 Une Branche de Corail rouge.

69 Une grande Topaze de Saxe.

70 Un grand Caillou de Ceylan.

71 Un

71 Un Morceau de Criſtal poli en ovale.

72 Deux Morceaux d'Ambre, de forme ovale, & quatre petites Pierres diverſes.

73 Une petite Boëtte avec vingt-ſix tant Agates qu'autres Pierres à fuſil.

74 Une Boëtte émaillée de différentes couleurs.

75 Une Tabatière noire & platte, montée en or.

76 Quatre Coquilles Chinoiſes peintes, deux jolies petites Conques, & une meſure de Cuivre pour les Perles.

F I N.

A LA HAYE,

CHEZ JACQUES DE KARNEBEEK,
Imprimeur sur le Paviljoens-Gracht,

M. DCC. LXX.

www.ingramcontent.com/pod-product-compliance
Ingram Content Group UK Ltd.
Pitfield, Milton Keynes, MK11 3LW, UK
UKHW022121260726
13993UKWH00003B/1154